FÜR ELISE

SIE SEHEN VO
R SICH EINE EN
ERGIEDICHTE
WIE ES SIE SE
IT DEM URKN
ALL NICHT ME
HR GEGEBEN
HAT

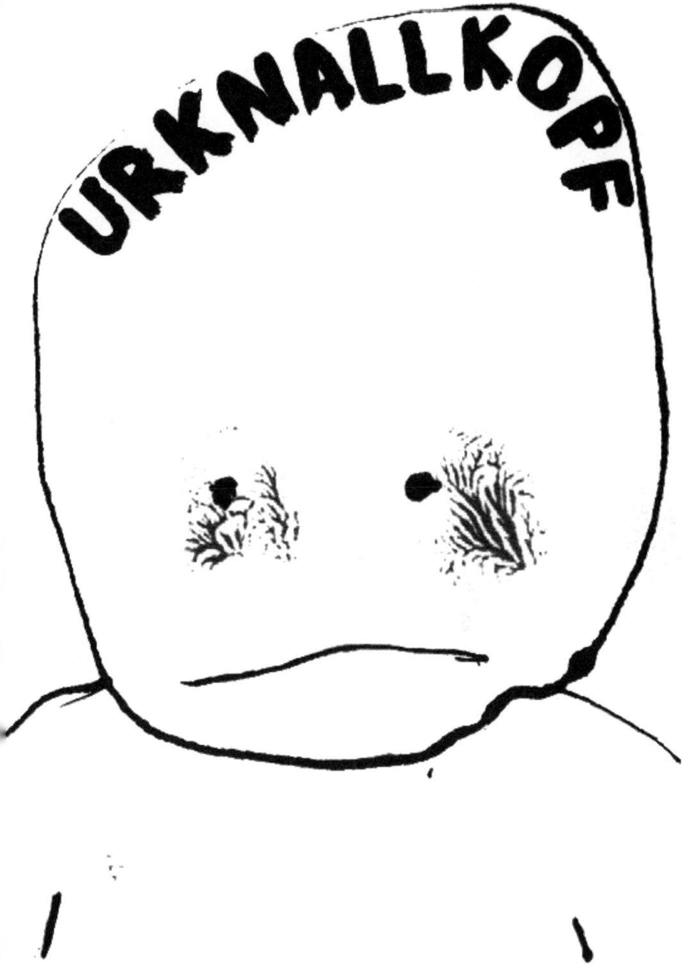
URKNALLKOPF

☐SCHUL
D+SÜHNE
☒STRAN
D+DÜNE

HERE+NOW
IN THE WHA
TEVER, ASM
ALL GESTU
RE TOWRR
DS FREEDO
M

LIEBER VOM
LEBEN GEZE
ICHNET ALS
VON INGEB
ORG ZU SCH
LESWIG-HO
LSTEIN GEM
ALT

STERNENEXPLO
SIONEN IN UNE
RREICHBAREN
WELTEN, NEUA
RTIGE TEILCH
EN UND VERBO
RGENE DIMEN
SIONEN, DIE SIC
H VON ALLEM UN
TERSCHEIDEN,
WAS MAN SICH JE
VORGESTELLT HAT

NACH EINER NE
UEN US-STUDI
E MACHEN HA
NDYS LÖCHER
NS GEHIRN!
PS: STUDIE W
IRD VON DER
NDUSTRIE U
NTER VERSC
HLUSS GEHALT
EN

PISSFOTZE
NDRECKAR
SCHLECKM
ICH WETTER
NEIN DANKE

FORSCHE
R RÜCKEN
DEM ABSO
LUTEN NU
LLPUNKT
NÄHER

ZULASSE
N STATT
ZU LASSE
N

DIE REVOLU
TION IST R
ECHTLICHN
ICHT BINDE
ND

NUN GEH
ET LOS
UND TÖT
ET

FANTASIE
IST FÜR VI
ELE NUR
SCHWER V
ORSTELLB
AR

THESE ARE
THE WORDS
BUT NOT T
HE TRUTH

ANALVERKEHR
GEHT AN DIE
BÖRSE. ANLEG
ER HABEN ES
JEDOCH SCHW
ER, SICH AUF
DEM NOCH R
ECHT ENGEN
MARKT ZUR

CHT ZU FIND
N.

ID RATHER
BE LISTEN
ING TO ~~NI~~
~~CK DRAKE~~
SUICIDAL TENDEN
CIES

WARUM LE
CKT SICH D
ER HUND D
IE EIER ?

WIE NENN
T MAN DIE
TYPEN DIE
IMMER MIT
MUSIKERN
RUMHÄNG
EN?

NASE
SINU

VOLL?

PRET!

ÖKONOMIE+RE
GIERUNG FOLGE
N TRÄGE IHREN
IMPERATIVEN,
DIE MÜHLEN DE
R REFORMEN
MAHLEN LANGS
AM, OHNMACHT+
POSTPOLITISC
HE RESIGNATI
ON MACHEN SI
CH BREIT.

AUCH OPT
IMISTEN
BEKOMME
N KREBS

In diesem Kopf
da wohnt ein Geist,
der auf eure
Meinung scheißt.

VIELES VON
EUREM SCH
MERZ IST
SELBST GE
WÄHLT

IN 7,6 MIL
LIARDEN
JAHREN S
TÜRZT DI
E ERDE IN
DIE SONNE

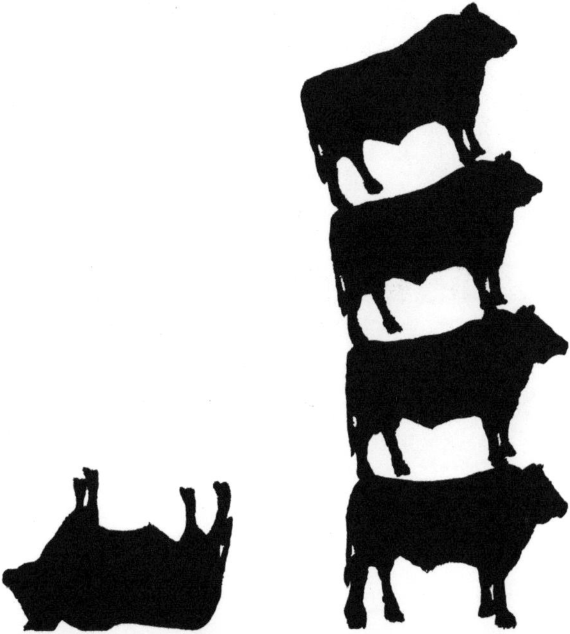

OBL
V NO
OLO

OMO
OTM
TOV

KEINER V
ON EUCH
UNTER E
UCH GEG
EN EUCH

HAST DU S
CHEISSE A
M FUSS HA
ST DU SCH
EISSE AM F
USS

DIE PASSE
N IMMER:
GENIALE J
EANS

JEDEN F
REITAG T
RANCEBA
SS

FICK DICH
BUMM
FICK DICH
SCHULLE
FICK DICH
FICK DICH
FICK DICH
FICK DICH
BUMM
FICK DICH
BUMM!
FICK DICH
SCHULLE
SCHULLE
SCHULLE
SCHULLE

ES GIBT SE
UCHE UND
SEUCHE ES
GIBT ABER A
UCH SONNE
UND SONNE

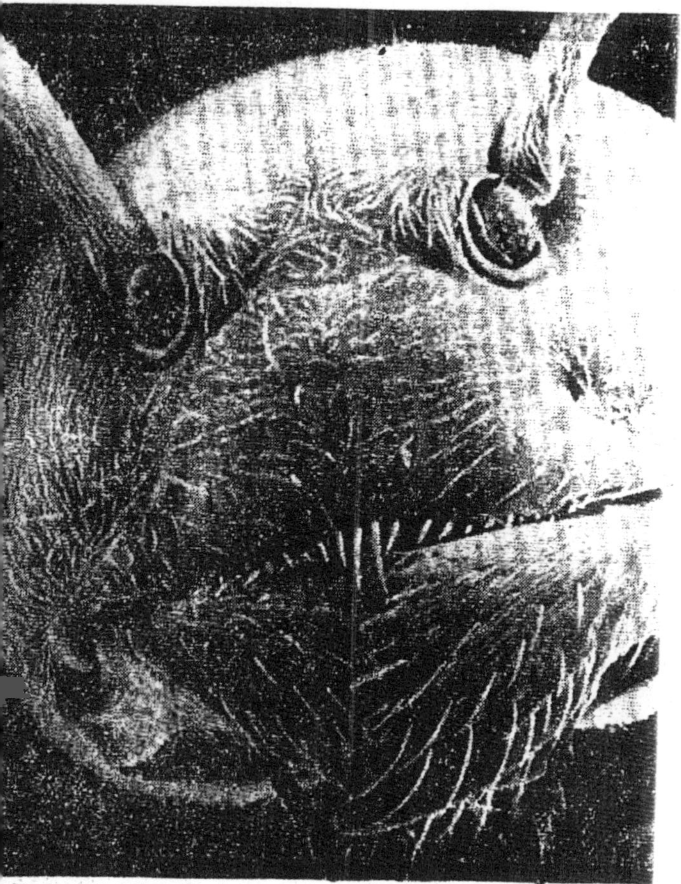

FACE OF AN ANT — As seen through electron microscope

We

EURE MÖG
LICHKEITE
N SIND ME
INE SACH
ZWÄNGE

SCHEL
BELP
RÄGE

S NO
EIST
R

OTTOS MOPS MOPST

SCHAU MICH
NICHT SO AN
ICH WEISS E
S DOCH AUC
H NICHT

ENDEINER
ANDEREN
SCHEISSE

DIE BILLI
GVARIANT

ICH BIN NI
CT OKAY D
U BIST NIC
HT OKAY W
IR SIND NI
CHT OKAY

ITS ALL ABOUT
SCHLECHDE LAUNE

TO DO: DAS
GANZE VE
RDAMMTE
DORF NIE
DERBREN
NEN

LOSERS SH
OULD NOT
NEED TO
APOLOGIZ
E

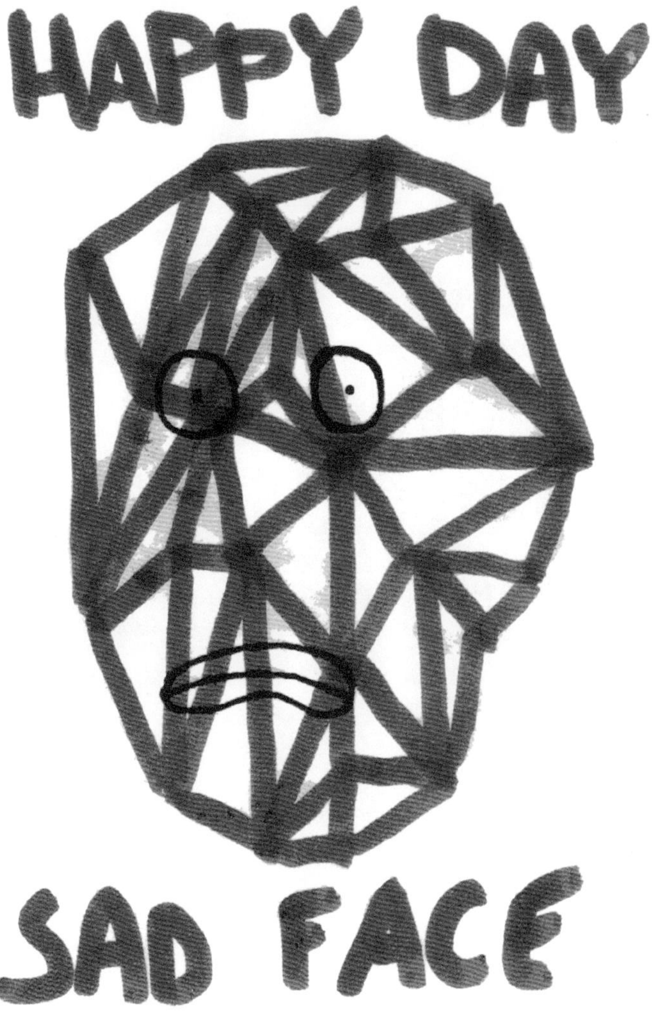
HAPPY DAY
SAD FACE

BLAUTKLEI
T BLEIBT BR
AUTKREIT +
BRAUKLAUT
BREIBT BL
AUTKRAU
T

ASS GESTER
N GELD. SC
MECKT SCH
EISSE, GEHT
ABER

EVE
ING
ONG

YTH
S WR

ROSEN TULP
EN NELKEN
ALLE BLUME
N WELKEN
NUR DIE EINE
BLUME NICH
T UND DIE H
EISST ICHWE
LKENICHT

DER MENSCH LE
BT NICHT VON
BROT ALLEIN,
ES MUSS AUCH
ORDENTLICH V
EGETARISCHE
PASTE ART P
FÄLZER LEBER
WURST DRAUF
SEIN

GOTT
SEIDAN
K BIN IC
H KEIN
PUNK

IF LEFT TO HI
MSELF HE WO
ULD HAVE WH
ISTLED LIFE
AWAY IN PER
FECT CONTE
NTMENT

IM INTERN
ET WEISS
JEDER DA
SS DU EIN
TROTTEL
BIST

SEH ICH W
AS BÖSES
DENK ICH
NICHT HIN

ALLES
MUSS
NICHTS
KANN

VERSCHWINDE MEINE JUGEND

Gefühle zwischen Sehnsucht und Schmerz, Kraft und ENTSCHLOSSENHEIT: Die jungen Schauspieler erzählen beim Simple Life Festival ihre eigene Geschichte – und gehen beim Tanzen ganz in ihrer Rolle auf.

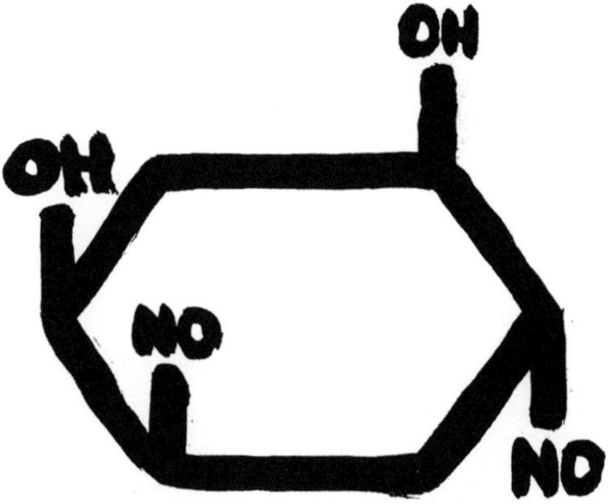
OH
OH
NO
NO

SOMETIMES I HAVE
THE FEELING THAT
WHAT I AM EXPERIE
NCING IS INCOMMU
NICABLE

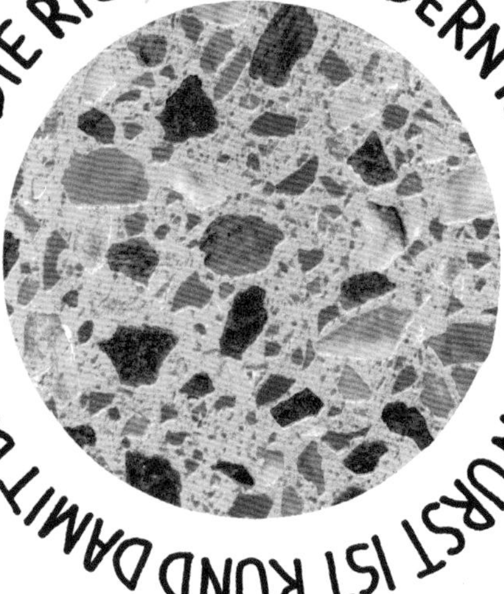

DIE WURST IST RUND DAMIT DAS TÖTEN DIE RICHTUNG ÄNDERN KANN •

WEG.
NUR
WEG

WEG,
NUR
WEG

DRINGLIC
HKEIT BE
STEHT NI
E

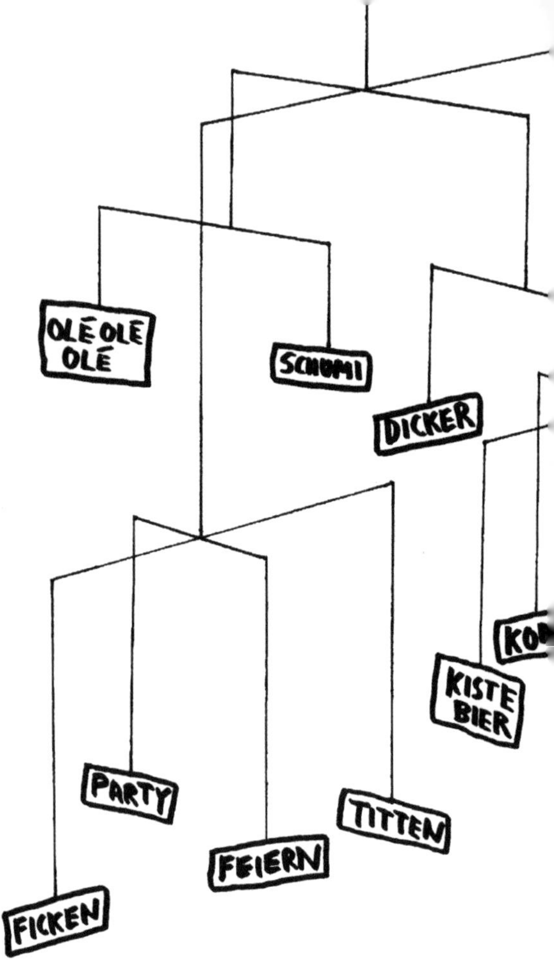

Tafel IIX: Das kosmische Gleichgewicht

Y
SAUFEN
GUTE LAUNE

MEINE NEU
E NIETENJ
ACKE PASS
T WIE ANG
EGOSSEN

INDUKTION IST
DER SCHLÜSSEL
ZUR UNENDLIC
HKEIT

fig. A.: The invisible hand of the market

O2 GENION
L IST IN IM
MER MEHR
FESTNETZ
EN ERHÄLT
LICH

POLIZEI FRO
LOCKT: BU
LLENHITZE

EIN UNBEDINGT
ES MUSS UM AU
F DER ÜBERHOL
SPUR ZU BLEIB
EN: DIE KONTI
NUIERLICHE
ARBEIT AM K
ONTAKTMAN
AGEMENT

BIER
~~VERNUNFT~~
IST UNSERE
STÄRKSTE
WAFFE

DER WEIHNA
CHTSMANN H
HEISST MIT B
ÜRGERLICHEM
NAMEN KNUT
SCHMIDT

IN HAMBURG
SAGT MAN SI
EH ZU DAS D
U LAND GEW
INNST DU
WICHSER

FUCK
EXACTLY
YOU

ANSICHT
EN EINES
CLOWNS

LACHEN T
UN IMME
R NUR DI
E ANDER
EN

THE WEIGHT OF THE WORLD

TO DO: DIESSEITS
NICHT GREIFBAR
SEIN DURCH WOH
NEN BEI DEN UNGE
BORENEN UND TOT
EN

DER ZAHN
DER ZEIT
IST EIN S
CHEISSZA
HN

VIEL DENK
EN NICHT
S WISSEN

ICH MÖCHTE EIN

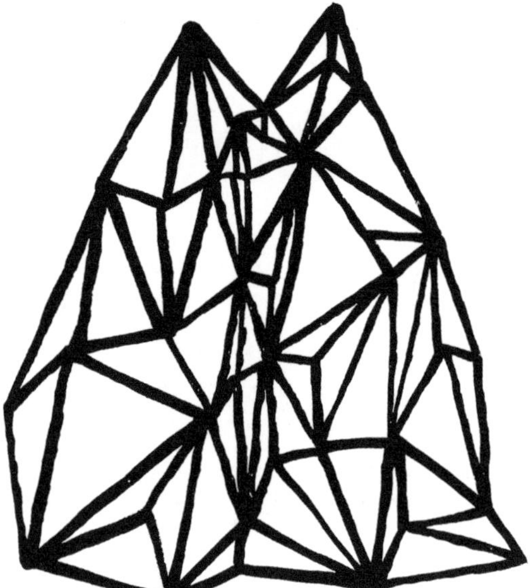

EISBERG SEIN

THE CAPABIL
ITY TO IMAG
INE THE TOT
ALITY AS SO
METHING TH
AT COULD BE
COMPLETEL
Y DIFFERENT

EINER M
EHR AN D
EM ICH A
UFSTEHN
MUSS

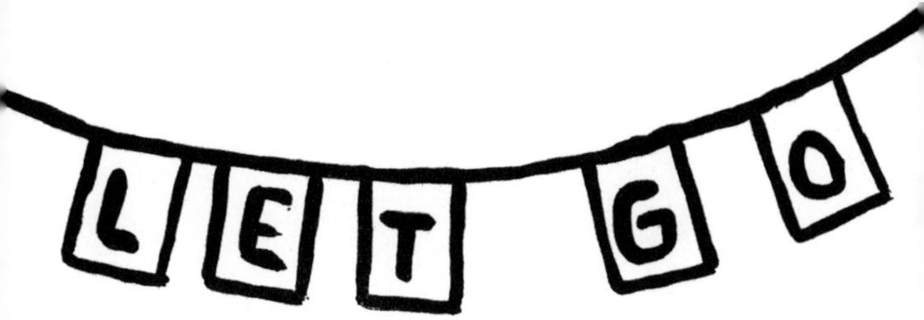
LET GO

AND I GU
ESS THAT
I JUST DO
NT KNOW

Verlag GUDBERG GmbH & CO KG

ISBN: 978-3-943061-23-9

www.gudberg.de

Alles von Uwe Lewitzky:

www.nichtnachdenken.de

Auch Unikate, Editionen und Abzüge von Uwe Lewitzky

sind via „nichtnachdenken“ und GUDBERG erhältlich.